BEI GRIN MACHT SICH IHR WISSEN BEZAHLT

AF136271

- Wir veröffentlichen Ihre Hausarbeit, Bachelor- und Masterarbeit

- Ihr eigenes eBook und Buch - weltweit in allen wichtigen Shops

- Verdienen Sie an jedem Verkauf

Jetzt bei www.GRIN.com hochladen und kostenlos publizieren

Gebhard Deißler

Der Mensch vor der Gottesfrage

GRIN Verlag

Bibliografische Information der Deutschen Nationalbibliothek:

Die Deutsche Bibliothek verzeichnet diese Publikation in der Deutschen National-
bibliografie; detaillierte bibliografische Daten sind im Internet über http://dnb.d-
nb.de/ abrufbar.

Impressum:

Copyright © 2013 GRIN Verlag GmbH
Druck und Bindung: Books on Demand GmbH, Norderstedt Germany
ISBN: 978-3-656-56607-6

GRIN - Your knowledge has value

Der GRIN Verlag publiziert seit 1998 wissenschaftliche Arbeiten von Studenten, Hochschullehrern und anderen Akademikern als eBook und gedrucktes Buch. Die Verlagswebsite www.grin.com ist die ideale Plattform zur Veröffentlichung von Hausarbeiten, Abschlussarbeiten, wissenschaftlichen Aufsätzen, Dissertationen und Fachbüchern.

Gebhard Deißler D.E.A./UNIV. PARIS I

DER MENSCH VOR DER GOTTESFRAGE

Interkulturelles- u. Transkulturelles Management

Intercultural &Transcultural Management (English)

Gestion Interculturelle et Gestion Transculturelle (French)

Gerencia Intercultural y Gerencia Transcultural (Spanish)

Gerência Intercultural e Gerência Transcultural (Portuguese)

跨文化的智慧精髓 - kua wen hua de zhi hui jing sui (Chinese)

транскультурная компетенция - transkulturnaja
kompetencija (Russian)

toransukaruchā　・ manējimento (Japanese)
トランスカルチャー　・　マネジメント

Vishua Chaytana (Sanskrit)

Der Mensch vor der Gottesfrage

Wäre die Gottesfrage für die Menschheit einsichtig gelöst, so kennte sie ihren Ursprung, Weg und Ziel und sie wüsste, was sie zu tun und zu lassen hätte auf diesem Weg aus der Ewigkeit durch die Zeit und wieder zurück in die Ewigkeit. Da der eine Gott und Schöpfer des einen myriadenfach diversen Schöpfung mit dem singulären Leben in seinen vielfältigen Gestalt, das die ganze Schöpfung von den einfachsten Lebensformen bis zur menschlichen Krone derselben durchwirkt und durchflutet, diese Frage nicht für alle Menschen unumkehrbar einsichtig und für alle und alle Zeiten verbindlich und verständlich gelöst zu haben scheint, herrscht hier ein verwirrender Pluralismus in den Augen der Geschöpfe des einen Schöpfers.

Und dieser Pluralismus der Annahmen über Ursprung, Ziel und Zweck des Lebens entzweit die Menschen. Man könnte sich daher fragen, was der Schöpfer wohl mit dieser Mystifizierung seiner zweifellos schon undurchdringbar und unentwirrbar mysteriösen Schöpfung wohl beabsichtigt hat, auch wenn man das Mysterium im Zeichen der Wissenschaft mehr und mehr in spirituell-ekklesiastische Reservate zu verbannen sucht, um es schließlich gänzlich zu demystifizieren und eine einheitlich-verbindliche, materialistisch-wissenschaftliche Ersatzreligion mit universellen Standards einzuführen.

Doch auch sich als religiös ausgebende, emergente Weltanschauungen, wie zum Beispiel die eines Weltethos, haben versucht, die Frage nach dem einen rechten Weg durch ein die Frage integrativ transzendierendes Universalethos zu beantworten, das eine Art größtmöglicher gemeinsamer Nenner der religiös-ethischen Diversität und somit eine Art religiöses Esperantos ist, dem dann aber die Vitalität und die Beseelung der millenär gewachsenen Religionen mit ihrer offenbarungsbedingten Kraft, ihren Gründern, Propheten und ihren Heiligen fehlt. Weder die Wissenschaft, noch die Philosophie, noch die Religion selbst scheint diese zeitüberdauernde, historische Frage bis in die Gegenwart und die voraussehbare Zukunft hinein lösen zu können. Und solange hierbei keine Konvergenz hergestellt werden kann, werden die weltanschaulichen Konflikte wohl weitergehen.

Doch das damit einhergehende Konfliktpotential ist im Kontext der modernen wissenschaftlich-technischen Entwicklung derart angewachsen, dass durch diese ungelöste Frage nun die weltweite Sicherheit bedroht ist. Selbst zwischen den diversen Gruppierungen innerhalb von Religionen, wie gegenwärtig z.B. in der islamischen Welt zwischen Sunniten und Schiiten, herrscht zunehmend Blutvergießen. Und wenn das Blutvergießen geendet zu haben scheint bestehen die intra- und interreligiösen Konflikte noch als kulturelle Konflikte fort, die die Gesellschaft in impliziteren oder expliziteren Formen infestiert und die latenten kulturell-religiösen Konflikte immer wieder in heißere Formen des Konfliktes eskalieren lassen kann. Betrachtet man den weltweiten interreligiösen Konflikt, der als Fundamentalismus in Erscheinung tritt, so erkennt man, dass die Frage eher an Brisanz gewonnen hat und dass sie, in der Gestalt der unheiligen Allianz mit dem technischen Fortschritt, die Menschheit sogar in präreligiös-präzivilisierte Zustände des Höhlendaseins moderner Prägung zurückwerfen könnte, wenn der Mensch nicht in der Lage ist, sie nachhaltig zu lösen.

Der Problematik überdrüssig und im Bewusstsein ihres Konfliktpotentials bieten daher Wissenschaft und Religionsphilosophie rationalistische Konvergenzmodelle an, die allen Menschen und der Menschheit als solcher eine gemeinsame Plattform für deren friedliche Koexistenz verleihen könnten. Diese Ansätze für ein rational basiertes, integratives interreligiöses geistiges Konstrukt können eventuell sogar bei Benedict XVI gefunden werden, wenn er das zweite integrative Standbein der Religion, das den Glauben ergänzt, nämlich die Vernunft postuliert, die den vorhandenen und offensichtlich gesellschaftliche Probleme verursachenden religiösen Pluralismus weltweit bezähmen könnte. Und die interreligiösen Begegnungen, wie beispielsweise in Assisi, die bereits Johannes Paul II eingeführt hat, sind ihrerseits bereits Spuren im Sand der Religions- und der dadurch bedingten Weltgeschichte, die auf eine Suche nach einem gemeinsamen integrativen Weg hinweisen. Und der Starschuss und die Schleußenöffnung zur Linderung des intrakonfessionellen Drucks durch Hegemonialansprüche wurde, die Zeichen der Zeit erkennend, bereits im zweiten Vatikanum vollzogen, dessen Beginn mit der einsetzenden pluralisierenden und relativierenden Gegenkulturrevolution koinzidiert. Sollte es nach 2000 Jahren Tauziehen nicht möglich sein, die Kirche wieder als Einheit ins dritte Millennium zu geleiten? Die historisch tabuisierte Ökumene, die den Pluralismus in der christlichen Zivilisation salonfähig machen möchte, die versöhnlichen symbolischen und konkreten Schritte der beiden Vorgängerpäpste von Papst hinsichtlich des Judentums, der Orthodoxie und der Anglikanischen Kirche, sowie die Unversöhnlichkeit gegenüber den traditionalistischen Integristen unter der Ägide des französischen Erzbischofs Lefebvre und der Pius Bruderschaft sind Evidenz dafür.

Die rationalistische moderne Zivilisation kommt auch in den Religionen immer mehr zu Erkenntnis - schließlich sind die Gläubigen auf die modernen rationalistischen Werten hin sozialisiert und transformieren dadurch auch die christliche Wertepriorisierung vom Geheimnis hin zur Logik und Rationalität – dass ein Konvergenzkonstrukt um jeden Preis her muss, um das Zerreißen des planetaren menschlichen Zivilisationsgewebes präventiv zu managen. Doch die Religionen, die die Rationalität einerseits transzendieren und andererseits historisch rückwärtsgewandt sind, reagieren fundamentalistisch auf diesen rationalen Reduktionismus der Transzendenz. Der Versuch der Lösung des Problems durch rationalistisch basierte, pluralismusfähigere Religionsmodelle wird also seinerseits ursächlich für Religionskonflikte, statt, wie es ihre Zweckbestimmung gewesen sein sollte, sie zu beheben.

Der intra- und interreligiösen Konflikte überdrüssig gibt es nun eine weitere signifikante Strömung des Humanismus der eine pragmatischere, verschlankte und entschlackte Lösung der Religionsfrage nachgelegt und die einen kleinsten gemeinsamen Nenner der Religionen bildet.

Eine weitere, esoterisch inspirierte Lösung der Frage geht davon aus und läuft darauf hinaus, dass die ethischen Fundamente aller Religionen identisch sind und wenn man die Religionen auf die alle religiöse Diversität überbrückenden und einbindenden Kernelemente reduziert, dann hat man eine global verträgliche Plattform ohne die religionsspezifischen Konfliktpotentiale.

Der Trend zur globalen religiösen Gleichschaltung ist eine neue Religion im Zeichen des Rationalismus geworden. Und eine weitere signifikante zeitgenössische Strömung, die ursächlich für die moderne Zivilisationskrise ist, möchte das Kind mit der Badewanne ausschütten und verschließt sich sowohl dem klassischen monistischen Religionsverständnis, als auch dem pluralistischen und wirft damit sowohl religiöse als auch ethische Systeme über Bord. Dieser religiöse Ikonoklasmus mit seiner weltweiten Loslösung von jeglicher Transzendenz und seiner integralen Relativierung jeglicher Ethik führt in einer materiell hochentwickelten Zivilisation in ein geistiges präreligiöses Vakuum der Unbeherrschbarkeit. Entgöttlichung, Verweltlichung und Anarchie folgen. Die dadurch bedingte geistig-materielle Diskrepanz im modernen globalen Zivilisationsumfeld birgt große Gefahren für die Menschheit. Nachdem die geistigen gesellschaftstragenden Fundamente bereits ins Wanken geraten sind, folgen die materiellen in der Gestalt ökonomischer und sozialer Krisen. Die Art und Weise, wie der Mensch die Gottesfrage beantwortet, bestimmt seine Zukunft und ist nicht von der Realpolitik zu isolieren.

Da sowohl die Ursachen als auch die Lösungen der Frage dem Menschen gleichermaßen unlösbare Probleme breiten, kam man insbesondere auch im historischen deutschen Religionskonflikt Kontext zur verzweifelten Kurzschließungsreaktion inbezug auf das Problem, indem man das Prinzip des „Jeder soll nach seiner Fasson selig werden" gesellschaftlich salonfähig zu machen suchte.

Die Politik hat versucht, dieses gesamtgesellschaftliche Problem durch die Trennung von Kirche und Staat, wie zum Beispiel in Frankreich, das auch die älteste christlich-katholische Tradition aufweist, zu beantworten und hat den laizistischen Staat verfassungsmäßig eingeführt, der die religiöse Frage ausklammert und sie der Religion in jeder Hinsicht überlässt. Diese Relativierung der Religion entschärft ihre gesellschaftspolitisch Brisanz, kann sie aber ob ihrer tiefen menschlichen und gesellschaftlichen millenären Verankerung nicht ganz aus der Welt und der Öffentlichkeit verbannen, wie man in den dortigen landesweiten Demonstrationen für und wider die Legalisierung der Homoehe erkennen kann, denn diese Frage tangiert das ethische Weltbild der Religion mit der Familie als unantastbarem Fundament.

Andere Staaten, insbesondere jene der traditionellen islamischen Welt, versuchen, das Problem ganz entgegen der Doktrin des laizistischen Staates, durch die Einführung der Scharia zu lösen, wodurch das staatliche Recht und die Religion in Deckungsgleichheit gebracht werden und das religiöse Werte- und Rechtssystem gleichzeitig auch das nationalstaatliche Recht verkörpern. Der gegenwärtige arabische Frühling zeigt, dass diese Lösung im Kontext der weltweiten Liberalisierung und pluralistischen Säkularisierung der Moderne diese Nationen vor politische Zerreißproben stellt.

Wieder andere Lösungen der Religionsfrage haben den Synkretismus institutionalisiert, bei dem mehrere Religionen oder Aspekte diverser Religionen, wie beispielsweise des Buddhismus und des Shintoismus in Japan als sich gegenseitig ergänzend wahrgenommen und von den Menschen nebeneinander praktiziert werden. Dieses Modell ist fluide und nimmt den Druck aus arbiträreren religiösen Modellen und Imperativen.

Der Versuch, die Religion als Opium des Volkes mit Stumpf und Stiel im Zeichen des materialistischen Atheismus gänzlich auszurotten und durch reduktive historisch-materialistische Prinzipien zu substituieren wurde sowohl im taoistisch-konfuzianisch-buddhistischen China, als auch im orthodoxen Russland (vormals UDSSR) von den dortigen uralten religiösen Traditionen vereitelt.

Der Mensch scheint also, trotz aller Negation, Frustration und Verzweiflung mit den Religionssystemen offenbar nicht ohne sie existieren zu können, weshalb sie irgendeine Form annehmen müssen.

Die Mystik westlicher oder östlicher Prägung und die absolute Individualisierung einer singulären religiösen maßgeschneiderten Lösung aus heterogenen Modulen und Prinzipen im New Age Kontext sind weitere fundamentale religiöse Optionen, die das äußere Religionsproblem durch Internalisierung, Esoterisierung und Individualisierung zu lösen gedenken. Und der weltweite Animismus und Pantheismus lassen nicht ab von den Menschen ganzer Kontinente trotz andersreligiöser Enkulturation im Wege der Mission.

Das multikulturelle Indien, ebenso wie die Metropolen, bieten im Zug der Ost-Westbegegnung alle Religionsvarianten à la carte an. Jeder kann sich entweder selektiv bedienen oder sein Menü, sowie auch magische Variationen davon, bedarfsbezogen zusammenstellen.

Der Advaita Vedanta, der, ebenso wie der Hinduismus und andere religiöse Strömungen den Jahrtausende alten indischen Veden entstammt, sagt dass alles

Gott sei und das nichts ist, was nicht Gott wäre. Du bist Gott. Tat tvam asi. Thou art that. Es gibt nichts in Sachen Religion zu suchen. Es ist schlicht ein Akt des Gewahrseins und der Erkenntnis. Für viele südasiatische religiöse Weltanschauungen im Kontext der Yogawege ist die Religions- und Gotterkenntnis ein Resultat geistig-körperlicher Arbeit an einem selbst nach Maßgaben der energetischen Anatomie der Menschen. Ein immenses Pantheon mit 40 Millionen Göttern mit zahllosen Lehrern in einer Kultur, deren Hauptwert die Suche nach der Wahrheit ist, hat sich entwickelt. Doch trotz millenärer multireligiöser Diversität flammt auch dort sporadisch immer wieder interreligiöse Gewalt in jenem Land auf, das von dem Apostel Thomas missioniert wurde.

Und der Weise fügt hinzu. Beende all den Unsinn, der im Namen der Religion getrieben wird. Schaue frei von jeglicher Konditionierung. Das ist alles. Habe keine Gottesvorstellung. Dieser unreligiöse Ansatz ist aber deckungsgleich mit der christlichen Aufforderung, sich kein Bild von Gott zu machen, die auch in der islamischen religiösen Kunst ihren Widerhall findet, der jegliche Darstellung von Gottes- und Menchenbildern verbietet. Jegliche menschliche Gottesvorstellung ist, ob der Absolutheit des einen allmächtigen Schöpfergottes, eine menschliche Relativierung des derselben, der der Islam in hunderten von vollendeten Gottesbezeichnungen begegnet. - Dies ließe sich endlos fortsetzen, da die menschliche Diversität trotz ihrer religiösen Einregimentierung in Religionssysteme jeweils auch Raum und Platz für singuläre Gottesbeziehung und Gottesvorstellung hat.

Man kann die Gottes- und die diese zu lösende gedenkende Religionsfrage drehen und wenden wie man will, und der Mensch in seiner Diversität findet dabei myriadenfache Lösungen, seien sie ein starker, mystischer oder ein lauer institutionalisierter Gottesbezug oder eine Kombination oder Verneinung all dessen. Er befindet sich, wie der Fisch im Wasser, in der Unmöglichkeit, nicht auf sie implizit oder explizit zu reagieren und sich zu positionieren, Nichts führt an der Frage vorbei und wenn er sie gänzlich verwirft, dann holt sie ihn alsbald ein, selbst ganze Nationen und Völker werden von ihr urplötzlich wieder heimgesucht (Postkommunismus).

Die Dialektik des Zweifels und der religiösen Inbrunst beherrschen das dualistische menschliche Wesen aufgrund seines dualistischen Bauplans und die These führt zur Antithese, die wiederum von einer Form der Postionsbeziehung und des Bekenntnisses oder der Synthese gefolgt ist, mit dem Unterschied, dass orthodoxe Religionen sagen, dass es nur ein monistisches, ständiges Neubekenntnis und keine Synthese von These und Antithese in Sachen Religion geben kann. Der Mensch muss also sein Leben lang kämpfen, vom einfältigen Gläubigen bis zu den höchsten Chargen der Kirchenhierarchien hin. Und die Demütig-Einfältigen haben es dabei sogar leichter, weil ihre rational-dialektischen Prozesse nicht so sehr ausufern und einer ständigen glaubensverträglichen Integration bedürfen, die die innere und äußere Mitgliedschaft in der Kirche nicht unmöglich macht. Dies ist oft nicht möglich in unserer materialistisch-individualistisch-rationalistischen modernen Zivilisation und infolgedessen entstehen Formen von innerer-äußerer Inkohärenz, Inkonsisterz und Aderlass, die die Kirchen unserer christlichen Prägung in zunehmendem Maße einem Veralterungsprozess ihrer Gemeindemitglieder und damit einhergehendem inneren und äußeren Verfall preisgeben.

Die hauptamtlichen mutmaßlichen Kirchentragenden sehen ihren Lebensunterhalt davonschwimmen, da sie von der Religion gelebt haben, was selbst in anderen Religionskontexten strikt untersagt ist, wo man davon ausgeht, dass die Religion und die Lösung der zentralen Gottesfrage des Menschen absolut frei sein muss und nicht für zum Geldverdienen missbraucht werden darf. Die Trennung von Kirche und Staat, wie sie im laizistischen Frankreich, der ältesten westlichen Tochter der Kirche besteht, hat diesen Gedanken auch umgesetzt, sodass die Amtskirchen sich nur durch Spenden finanzieren können. Die Entmerkantilisierung und Entpolitisierung scheint die Frömmigkeit aber eher zu beflügeln, statt einen Exodus der Gläubigen zu bewirken, der nun als harter Kern die Kirche trägt und die Gottesfrage für sie zufriedenstellend löst. Die Knappheit der Mittel scheint die geistigen Mittel zu beflügeln, während eine kapitalistisch gemanagte Jobmaschine jeden echten Gottessucher eher abstößt. Eine falsche weltlich-göttliche Priorisierung gefährdet den Fortbestand des geistigen Gebäudes der Kirche, während man seine Mauern sanieren mag. War das nicht ein Tenor unseres historischen deutschen Papstes, der aufgrund seines deutschen Hintergrundes nicht von ungefähr kam und daher immer noch nicht honoriert wird? Auch in der Kirche kann man nicht zwei Herren dienen.

Um die rational unentwirrbare Gottesfrage nach dieser transkulturellen interreligiösen Exploration des Gartens der Schöpfung Gottes zwischenbilanzierend abzurunden, möchte ich ein Gedicht einfügen, das ich Ende der 90er Jahre nach kulturreligiösen Aufenthalten auf anderen Kontinenten verfasst habe. Es subsumiert einige von den Menschen über Zeiten und Breiten hinweg identifizierten Einstiegspunkte in die Reise in den Bereich des Göttlichen:

TOPOS SACRALIS

Jerusalem und Jericho
Shamballa und die Tempel von Tibet, Lhasa,
Moscheen von Mekka und Medina, Montserrat
und die Mezquita de Córdoba, Notre Dame de
Paris, St Paul's Cathedral Vatikan, San Pietro,
Roma;
Himis, Himalaya;
Mount Kailas, Tibet, Leh, Ladak;
Berg Athos, Rishikesh und Rishi Valley.
Die Höhlen und Hütten
der Rishis und Munis,
Kölner Dom und Ulmer Münster,
sowie die kleinste Kapelle am Ende der Welt,
deren Steine Gottes Liebe atmen.
Isfahan und Kyoto, Luxor und Gizeh,
Rocamadour, Santiago de Compostela,
Our Lady of Kibeho Africa and Aikita Japan
Cathédrale de Chartres und Sacré Coeur, Fatima,
Santa Casa Loreto und Notre Dame de Lourdes, Our
Lady of Walsingham, Paris Rue du Bac
La Salette, Tschenstochau, schwarze Madonna;

Ikonen des Heiligen Rußland,
Alle Heiligen Gottes, Dreifaltiger Gott, Christus Jesus
Benares am Ganges,
Tadj Mahal,
Zahllose Kirchen, Klöster, Tempel, Moscheen, Synagogen
verwüstet oder zukünftig
    und
der Ort in mir, wo der Lotus der wahren Liebe erblüht
    und
jedes zitternde Blatt, jeder Grashalm im Wind,
Milchstraßen und Sternensysteme,
jedes Atom, das in der Liebe zu seinem Schöpfer singt
    und last but not least:
Die Missionsstationen in den Dschungeln Afrikas,
den Urwäldern Südamerikas,
und den Steppen und Wüsten des Planeten,
Albert Schweizers Lambarene,
Mutter Teresas Calcutta, Seliger Bernhard von Baden
    und
der Ort, wo meine Füße stehn
und meine Augen auf den Einen sehen

    und bestimmt nicht
das selbst-berauschte Ich
mit seinen selbst geschnitzten Götzen.

Religion als Teil der Kultur scheint ebenso divers wie diese und erfordert eine Form des Diversitätsmanagements nach innen und außen, weil der individuelle Mensch die kleinste, kulturell diverse Einheit bildet. Integratives Pluralismusmanagement ist angesagt, was konventionell sozialisierten Amtsträgern Probleme bereitet. Und dieses wahrgenommene Problem seitens einiger Kirchenmitglieder, die komplexere Sozialisierungsprozesse im globalen Wissensgesellschaftskontext durchlaufen haben, führt zu interkulturellen, intrareligiösen Konflikten, die von laueren Christen durch Austritt aufgrund innerer und äußerer religionskultureller Reibereien, welche mit ihrer christlichen Sozialisierung unvereinbar sind, quittiert werden. Es gießt zusätzlich Wasser auf die Mühle des demographischen Kirchenschwundes, für den kleinkarierte Amtsträger verantwortlich sind, während sie ihn beklagen aber kausal fremdzuordnen.

Die Kirche als allintegrative, dienende Mutter und Matrix zur Bewältigung der unumgänglichen Gottesfrage, an der Wohl und Geschick des Menschen hängt, ist

Machtgebaren, Eigenpermanenz- und Profilierungsbedürfnissen gewichen, was die Kirche demographisch bis zur Schwindsucht verschlankt. Die Flucht nach vorn, die Kirchen zum Sozialdienstleister und Entertainer zum Zweck des Customer Relations Management und der Rückgewinnung schwindender Marktsegemente degradiert, kann den Prozess drosseln, bewenden dagegen kann ihn nur durch die Rückkehr zu ihren lebenspendenden geistigen Wassern der zeitlosen Wurzeln. Denn damit steht und fällt das Individuum und die christliche Zivilisation. Die Peripherie der Kirche mag zeitgeistrelativ ausgestaltungsfähig sein, doch die Veränderung im Kern käme einer geistigen Kernschmelze und mit dem Ende derselben gleich.

Macht der Mensch die Rechnung ohne Gott? Was will er eigentlich? Die Menschen verformen die Lehre nach ihren Bedürfnissen, während gerade die katholische Kirche kein Jota an der Lehre für veränderungsbedürftig und -zulässig hält.

Kein Mensch kann außerhalb eines wenn nicht expliziten, so dennoch impliziten, mehr oder weniger bewussten, religiösen Bewusstseins leben, weil das Leben selbst aufs engste mit dem Erschaffer und Schöpfer, dem Urgrund des Lebens verbunden ist, ob wir das zugeben oder wahrhaben wollen oder uns in menschlicher Anmaßung darüber hinwegzusetzen versuchen oder nicht. Der Mensch, gleich welchen Standes oder Status wird alltäglich an seine Grenzen geführt, wo er erkennt, dass seine Weisheit nicht ausreicht, und wo er sich sowohl des Bedürfnisses als auch der Existenz einer ihn transzendierenden Macht und Ordnung bewusst wird.

Religion im etymologischen Sinne der Rückverbindung mit Gott setzt bei dieser Gewahrwerdung menschlicher Unzulänglichkeit ein. Und je mehr der Mensch in diesem Bewusstwerdungsprozess einer ihn transzendierenden, wissenschaftlich oder spirituell definierten Ordnung, sich dieser Transzendenz zu nähern sucht, um sie ein ergänzender Teil seines Lebens werden zu lassen, desto religiöser wird der Mensch. Er beginnt einem inneren Kompass zu lauschen, selbst wenn er keine äußere und nur eine vage Wahrnehmung einer ihn transzedierenden Wirklichkeit hat. Und wenn er diesen Weg immer weiter verfolgt, dann nähert er sich in dem Maße seiner

Erkenntnisfähigkeit und Intuition immer weiter einer Quelle, von der der Lebensstrom ausgeht. Seelig, die nicht sehen und doch glauben, sagt die Bibel. Die Erkenntnis der ursächlichen Lebensquelle ist hier dennoch noch vage. Selbst der Gottesbegriff entzieht sich hier dem Wahrnehmenden noch, denn die Ursächlichkeit kann einem kryptogenetisschen Ursache-Wirkungsprinzip zugeordnet werden.

Der Einstieg in die Religion ist also auch jenen, die nicht in eine Religion hineingeboren und darin verwurzelt sind auch auf diesem rational-intuitiven Wege möglich, während jene, denen die Gnade des Geschenkes der Religion mit ihrer Geburt, beispielsweise fundamentiert durch die Taufe und weiterverankert durch Sakramente, Rituale und Symbole – und jedes System, das den Namen Religion verdient, hat davon zahlreiche, die das Leben zeitlich strukturieren und ihm Sinn verleihen – zuteilwurde, dieses kostbare Gut nur pflegen und ihm treu bleiben müssen. Doch gerade jene, die dieses kostbarste Geschenk ohne sichtbare Vorleistung erhalten haben, sind anfällig für die Untreue, vielleicht weil sie nicht, wie die Gottsucher, einen hohen Preis dafür entrichtet haben. Dies führt zu verschiedenen Religionskulturen verschiedener Intensität und Glaubensstärke.

Bislang ist der Gottesbegriff dieser Erörterung vage geblieben und wir haben weder eine Antwort auf die Logik und die Finalität der diversen Religionen, noch eine Antwort auf die Frage der Richtigkeit und Gültigkeit einer dieser Religionen vor allen anderen.

Hier möchte ich die beiden mutmaßlich berufensten Menschen der Gegenwartsgeschichte, nämlich Papst Johannes Paul und Papst Benedict XVI zur Beantwortung dieser Frage in zwei Schritten zu Wort kommen lassen.

Auf die Frage nach dem warum der verschiedenen Religionen hat Papst Johannes Paul II sinngemäß geantwortet, dass die Dialektik der verschiedenen Religionen dazu dient, das Beste im Menschen herausbilden und er hat die römisch katholische

Religion folgendermaßen unterscheidend inbezug zu anderen großen Religionen definiert:

Christ	Christus
What makes him uniquely different - based on Pope John Paul II: 1 „Socrates was a Sage, who accepted death in the name of truths. 2 Mohammed was a Prophet, who preached a religious code of conduct by which all those who pray to God have to abide. 3 Buddha was an Enlightened, who negates all that has been created. He sees no possibility of salvation in creation. 4 Christ is the absolutely unique and unrepeatable mediator between God and Man, He does not negate creation as Buddha, and man is made in God's image, He is within man." „God is all and will be in all" (1Kor15,28)".	Worin unterscheidet er sich laut Papst Johannes Paul II von allen anderen: 1 Sokrates war ein Weiser, der im Namen der Wahrheit den Tod annahm. 2 Mohammed war ein Prophet, der einen religiösen Verhaltenskodex predigte, an den sich alle jene halten müssen, die zu Gott beten. 3 Buddha war ein Erleuchteter, der alles Geschaffene verneint. Er sieht keine Möglichkeit der Erlösung in der Schöpfung. 4 Christus ist der absolut einzigartige und unwiederholbare Mittler zwischen Gott und den Menschen. Er verneint die Schöpfung nicht, wie Buddha und der Mensch ist nicht nur nach Gottes Ebenbild geschaffen, sondern er ist auch im Menschen selbst. „Gott ist alles und wird in allem sein 1Kor15,28)".

Auszug aus meinem Bilingualen Transkulturellen Wörterbuch

Weitere Einzelheiten dazu können dem Interviewbuch mit Papst Johannes Paul II mit dem Titel „Die Schwelle der Hoffnung überschreiten", 1994, entnommen werden. Es ist eine Goldmine für Gottsucher und jene, die tiefere Gotterkenntnis erstreben.

Was hier auffällt ist die christozentrische Orientierung der vergleichenden Definition. Und dies führt zu einer genaueren Ausrichtung des religiösen Kompasses auf den wahren Gott im römisch-katholischen Sinne in den Augen des gegenwärtigen Papstes Franziskus.

Der generische Prinzipglaube an einen Schöpfergott und Vater ist in seinem Verständnis unvollkommen. Er ist der Bereich der Gnose und der Gnostiker. In der katholischen Lehre geht es vor allem um die Erkenntnis und Nachfolge der Zweiten Person des einen Gottes, der ja in der Dreifaltigkeit von Vater, Sohn und Hl. Geist wirkt. Diese Zweite Person Gottes allein führt zielsicher in den richtigen Hafen des Lebens. Und der Einstieg in diese Destination des Menschen geht vornehmlich über die Wundmale Jesu Christi, die das gesamte Erlösungs- und Heilswerk Gottes am Menschen symbolisieren und auch faktisch sind. Sie sind Einstig, Eingang und unzweifelhafte Wegweiser, die zu diesem sicheren Hafen, zum ewigen dreieinigen Gott führen.

Von der Dreifaltigkeit ausgehend kann man versuchen, die wahren Religionen über diese Dreifaltigkeit zu systematisieren, je nachdem, welche Scherpunkte sie setzen.

Die christozentrische Religionsauffassung privilegiert ganz eindeutig die Zweite Person Gottes, während andere Religionen eine Tendenz zu Gott Vater, dem Schöpfergott aufweisen, während andere sich wiederum schwerpunktmäßig dem Hl. Geist zuordnen lassen. Und da die drei Personen eine Einheit, nämlich die des dreieinen Gottes bilden, sind auch alle Religionen, die sich einer dieser drei Personen der Dreifaltigkeit zuordnen lassen potentiell eins. Auf dieser Ebene kann man also eine zukunftsorientierte, alle wahren Religionen ein- und verbindende bereichernde menschliche Plattform der Wahrheit des einen wahren Gottes errichten, obgleich die Zweite Person Gottes die dem Menschen Angemessene und einzig richtige ist, weil sie, so Papst Franziskus, zum sicheren Hafen führt. Diese Plattform besteht bereits. Ist sie auch valorisiert? Und die Spreu scheidet sich vom Weizen durch die Übereinstimmung der infrage kommenden Religionen mit einer der drei Personen einerseits und der Dreifaltigkeit, das heißt dem Nichtausschluss der beiden anderen Personen andererseits. Indes, die Unterscheidung ist schwierig, wie oben bereits, in Zusammenhang mit der gnostischen Tradition eines Gottes schlechthin. angeklungen ist. Und es scheint, dass selbst Mitglieder des harten Kerns und der Speerspitze der katholischen Kirche, wie z. B. die Jesuiten, mit dieser Frage ihre Mühe haben.

Die Dreifaltigkeit hat einen die Erkenntnis des Menschen transzedierenden Sinn von Anfang an. Diese pluralistische, diverse Gottesbild ist genau die Lösung der religiösen Diversitätsproblematik, die der Mensch in der Menschheitsgeschichte nicht zu erkennen und zu nutzen vermochte. Dieses Geheimnis scheint nun, vor dem Hintergrund des Imperativs der Integrationserfordernis der religiösen Diversitätsdynamik, seinen Schleier etwas zu lüften. Von Anfang an teleologisch intendiert und vom Ziel der Schöpfungsgeschichte her betrachtet, verkörpert die Dreieinigkeit sowohl die Diversitätsaxiomatik der Schöpfung, als auch ihre Rückführung von ihrer Dualität in die Einheit. Die Dreifaltigkeit ist der göttliche Archetyp und das Urbild der Schöpfungsaxiomatik in der Einheit, in der alle diversitätsrelativen menschlichen Belange ausgesöhnt und in den einen Strom des einen Lebens in Gott eingebettet sind. Christus und dieses Geheimnis der Dreifaltigkeit sind insbesondere heute das Panaceum für die epochalen Herausforderungen der Menschheit.